MEMOIRE
en Images

LE PAYS DE MALESTROIT

MEMOIRE

en Images

LE PAYS DE MALESTROIT

Pierre Chotard
président du club de la Joie de Vivre
Composition Laurence-Marie Diot
avec la collaboration de monsieur Guillard de l'écomusée de Lizio,
les présidentes et présidents des clubs de retraités du canton

ALAN
SUTTON

Editions Alan Sutton
27, Quai de la Prévalaye
35000 Rennes

Première édition avril 1995

ISBN 2-910444-13-9

Dépôt légal : avril 1995.
Imprimé en Grande-Bretagne par
Redwood Books Limited, Bath.

Table des matières

Introduction 7

I. Le canton de Malestroit 9

II. Cérémonies religieuses 31

III. L'activités économiques 49

IV. Associations et institutions 69

V. Rassemblements 81

VI. Souvenirs de Guerres 93

VII. Aspects culturels et loisirs 115

Remerciements 127

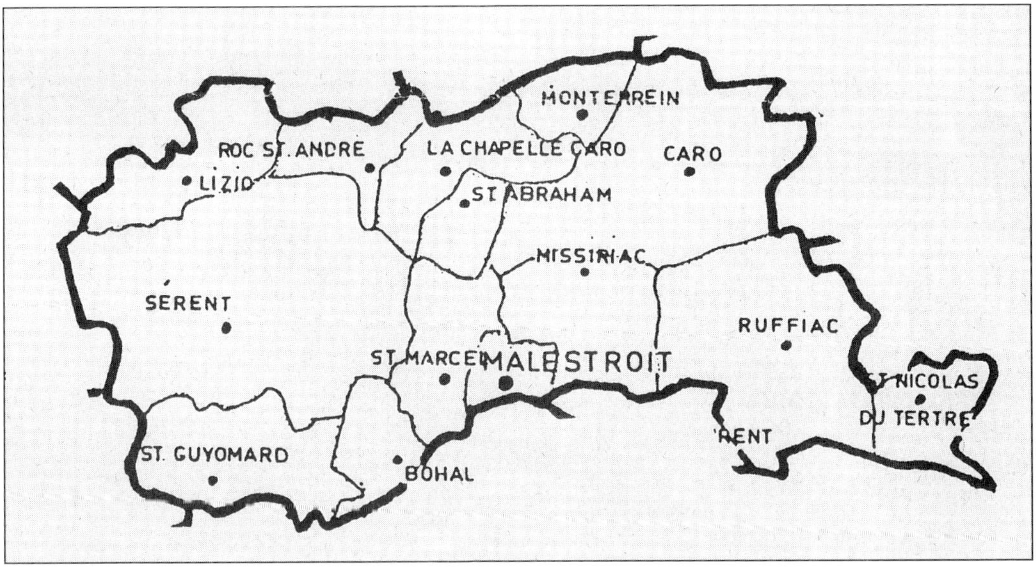

Introduction

Petite Arcadie, délicieusement dissimulée dans la profonde Argoat, séduisante par son romantisme et ses contrastes, frémissante d'activités humaines, tout le pays de Malestroit vous invite à la découverte de son terroir — 246 km^2 — au coeur des landes de Lanvaux, une terre qui respire la solennité des hauts lieux de légendes et d'histoires d'hommes passionnés, terre pétrie du sang de ses guerriers et de la sueur de ses paysans, terre d'épopée et de durs labeurs.

Malestroit, petite capitale rurale, chef-lieu du canton, cité millénaire, accueillante et coquette, est en harmonie avec cette région privilégiée. Les villages et hameaux s'y coudoient presque, érigeant au-dessus d'un fouillis de verdure, les fins clochetons de leurs églises et de leurs chapelles, offrant généreusement, au pas des promeneurs, un bocage peu défiguré, plein de charme et d'intimité, aux facettes multiples de vie et de couleurs, avec une variété de vallons, merveilleux de solitude, de rêve et d'enchantement, d'où s'élève le chant des fontaines et des ruisselets ; une campagne opulente où succèdent prairies verdoyantes, mille damiers cultivés, aux cases bariolées parcourues folâtrement de champs de lande tout festonnés d'ajoncs mais où percent à nue, des ruines de montagnes, ce qui permet à la pierre bretonne d'exhiber, à tous moments, ses bleus sombres et ses gris argentés parmi les bruyères et les bosquets aux senteurs sylvestres.

Sur cette terre de granit et de schiste, près de 15 000 de ses fils et de ses filles vivent en parfaite complicité avec son histoire antique car héritiers des peuples mégalithiques, mais aussi des celtes, des gallo-romains, fils de Chouan et de maquisards, barbares et paysans, marchands, bourgeois, artisans ou mariniers, ils resteront fidèles à cette terre mythique, à ces traditions, à son cadre marqué d'une mélancolie enchantée.

La vision cartophile du pays de Malestroit propose d'arrêter, l'espace d'un instant d'émerveillement, les reflets d'un passé récent en terre gallèse, celui de nos grand-parents, images qui réservent des surprises fascinantes, des bonheurs sûrement et qui ne manqueront pas de vous pénétrer d'une nostalgie d'enfant, trop vite sevré des souvenirs et des parfums d'antan. Admirez nos églises et nos chapelles médiévales, nos calvaires et nos fontaines sacrées ; découvrez nos remarquables châteaux et nos manoirs, anciens fiefs de chevaliers-paysans ; rêvez devant le nombre impressionnant de mégalithes, tombelles sépultures et chambres souterraines attestant d'une présence humaine évoluée, six fois millénaire.

Les cartes postales anciennes présentent à la fois un grand intérêt documentaire ou anecdotique et un trésor inestimable en tant que documents ethnographiques. Ici, le naturel l'emporte sur le frelaté, car on retrouve dans leur cadre journalier, certes parfois figés dans une pose malhabile, les témoins de notre premier quart de siècle. Grâce à la magie de la photographie, on retrouve les scènes des métiers authentiques, des personnages en costume ou en coiffe, rivalisant de coquetterie. Beaucoup de cartes émouvantes et très souvent des petits chefs-d'oeuvre de la vie rurale. Les noces, à elles seules, par-delà le folklore et les apparats constituent des sujets attachants, si proches de nous. Et c'était hier...!

Comment rendre convenablement hommage à la beauté de la vie et à la puissance de l'art d'une région où l'inspiration, l'amour du travail et l'honnête souci de bien faire tiennent lieu de science ; comment saisir l'essence même de son génie mieux qu'en feuilletant ces portraits et ces séquences de vie domestique et sociale, pris sur le vif et encore à peine jaunis. Epoque laborieuse, mais pleine de saveur où la solidarité ne se mesurait pas à l'écho qui pouvait en être donné par les moyens médiatiques ; elle accompagnait, tout simplement, le quotidien. Souhaitons que ces fragments de notre histoire locale permettent aux générations à venir, de puiser une confiance génératrice, en retrouvant, sous leurs semelles, un peu de glaise du terroir qui a su engendrer une race forte, fière et généreuse.

Un cartophile épris de son pays.

I

Le canton de Malestroit

Malestroit s'étend sur 580 hectares et compte une population de 2439 habitants. Autrefois étape du pèlerinage de Compostelle, le petit bourg de Malestroit, né en 987, entra dans l'histoire pour avoir accueilli, au sein de la majestueuse chapelle de la Madeleine, la signature, en 1343, de la trêve (illusoire hélas) de la guerre de Cent Ans. Cette église, prieuré fondé en 1129, est le plus ancien monument de Malestroit. Pillée pendant la Révolution dans les affrontements entre Chouans et Républicains, elle a conservé son clocher roman, et son pan de mur à fenêtres gothiques.

C'est alors que le bourg connaît son expansion, se dotant, intra-muros, d'échoppes médiévales à colombages et de riches maisons bourgeoises en granit sculpté. C'est de cette époque d'ailleurs que datent les curieuses statuettes accrochées aux façades des ruelles étroites. Devenue baronnie de Bretagne à la fin du Moyen Age, Malestroit assied bientôt sa prospérité sur le textile (lin-chanvre) laquelle prospérité donne sa plus éclatante illustration sous les anciennes halles de la place du Bouffay. Le cliché ci-dessus illustre la place du Bouffay.

L'église St-Gilles est composée de deux églises accolées, de style différent, l'une construite au XIIIe et l'autre au XVIe siècle. Il est possible de voir à 15 heures, heure solaire, l'ombre du boeuf projeter le profil de voltaire sur les murs de l'étonnant édifice.

La rue Ste-Anne à Malestroit. L'automobile, sur la gauche de la photographie, est celle du docteur Tregouet ; elle fut immatriculée en 1907. Malestroit est traversée par l'Oust qui fut un atout majeur pour le développement de la ville. Elle permit le travail du cuir et du chanvre dans un premier temps, puis l'acheminement dans la ville des matériaux de construction, en particulier en provenance des Pays de Loire (ardoise-sable-tuffeau), de céréales, ou encore d'engrais et de chaux pour les cultivateurs. Le trafic fut progressivement facilité par la canalisation du cours d'eau, engagé sous l'autorité de Napoléon 1er dans les premières années du XIXe siècle pour des raisons militaires tout d'abord, puis dans le but commercial de désenclaver la Bretagne intérieure.

L'entrée du bourg de St-Marcel au début du siècle par la route de Malestroit. La présence de plusieurs monuments mégalithiques dans cette région prouve qu'elle était habitée dès l'époque préhistorique ; il existait, jusqu'au début de ce siècle, plusieurs menhirs formant un alignement près de la gare de St-Marcel ainsi que des restes d'une ancienne fortification non loin de là.

La création de la commune de St-Marcel date de 1790-91. L'église paroissiale, dédiée à St-Marcel, pape et martyr, a été bâtie en 1877. St-Marcel passa en 1801 dans le canton de Questembert, arrondissement de Vannes, mais une loi du 25 mars 1863 l'a rattaché au canton de Malestroit, arrondissement de Ploërmel. La Seconde Guerre mondiale provoqua bien des drames à St-Marcel. La population était gaulliste à 90% selon un rapport de 1943.

Le château de Ste-Geneviève propriété de la famille Bouvard. Cette bâtisse fut incendiée par les Allemands en juin 1944.

Le château des Hardys Behelec à St-Marcel fut détruit par les Allemands après la bataille de St-Marcel en juin 1944.

Les origines de Bohal sont restées dans l'ombre pendant plusieurs siècles. Seuls des documents du XIVe siècle permettent d'affirmer que Bohal était une paroisse de plein droit dans le duché. Comme St-Marcel, Bohal avait ses propres registres BMS (baptêmes, mariage, sépulture) qui étaient gérés temporairement par son Conseil de fabrique. D'ailleurs, dans ces registres ainsi que dans les actes notariés conservés aux archives paroissiales, il est mentionné "paroisse de Bohal" ou bien "bourg paroissial de Bohal". Ce n'était pas exactement conforme au droit, mais les recteurs, ménageant peut-être la susceptibilité des gens de Bohal, laissaient faire. L'église actuelle dédiée à St-Gildas est un édifice classique. On peut dire sans témérité que cette église est très ancienne, antérieure peut-être au XVIe siècle. La commune de Bohal a une superficie de 858 hectares et sa population est de 457 habitants.

La pierre longue de St-Guyomard est un menhir de 9 mètres de hauteur. St-Guyomard fait partie depuis 1926 de l'arrondissement de Vannes. Ancienne trêve de la paroisse de Sérent sous l'Ancien régime, St-Guyomard est séparée de sa "mère", au nord, par le cours de la rivière de la Claie. Sa superficie est de 1898 hectares.

Situé à l'est du plateau granitique des landes de Lanvaux, le territoire de St-Guyomard, élevé et découvert, est occupé pour les trois-quarts par les cultures et les prairies, tandis que les 469 hectares de bois et les 18 hectares de landes en couvrent le quart. Le breton fut parlé à St-Guyomard jusqu'au XIIIe siècle. Son église, dédiée à St-Maurice et à St-Guyomard, fut commencée en 1868 et achevée près de cinquante ans plus tard, en 1923, le jour de la fête de St-Maurice.

La commune de Sérent s'étend sur 5 965 hectares et compte 2 704 habitants. Sur la droite, on peut voir la maison des religieuses, le commerce Danet et le café Etrillard.

Le bourg de Sérent en 1930. L'église de Sérent en forme de croix latine est constituée de 3 nefs, 2 transepts et 2 choeurs. Sérent a été le théâtre de faits dramatiques en juin 1944 avant et après la bataille de St-Marcel. Sérent est une commune dynamique animée par plusieurs associations sportives : club des retraités, tennis, piscine, musée des vieux costumes bretons. Un marché, comprenant un boucher, un poissonnier, un marchand de légumes et une boutique d'habits, etc... se tient tous les mercredis.

Une vue du vieux puits à Sérent. Le territoire de Sérent fait partie du massif Armoricain de l'ère primaire.

Le château de Tromeur dans la commune de Sérent.

La chapelle Ste-Suzanne en Sérent en 1913 et son calvaire ; on y venait en procession lors de la fête des rogations.

Une sortie de messe au bourg de Lizio au début du siècle. Lizio, commune la plus à l'ouest du canton, compte 747 habitants répartis sur une superficie de 1.646 hectares. Bâtie sur un sol granitique de l'ère primaire, elle a connu une longue tradition de tailleurs de pierres qui lui ont légué une riche architecture de lucarnes, gerbières et encadrement de portes.

La chapelle St-Catherine. Lizio fut une étape sur le chemin de Compostelle et lieu de séjour des moines Trinitaires, héritiers des Templiers. Son relief accidenté, la pauvreté de son sol, ont laissé ce pays à l'écart des grandes voies de communication. L'essor des Trente Glorieuses l'a poussé à une évolution considérable de son agriculture, et, une vocation touristique issue de la restauration de ses vieilles pierres.

Devenue “Petite Cité de Caractère”, Lizio oeuvre pour que, à partir de son patrimoine préservé, elle puisse connaître dans les années futures un tourisme florissant. La fête des Artisans, le deuxième dimanche d’août, avec le concours de 120 artisans exposant leurs travaux en est le point fort. Le succès grandissant du festival de théâtre, 4 jours en mai, est également une base culturelle essentielle.

Le moulin du Val au Roc-St-André, dit du père Mathurin, sur le ruisseau de Tromeur.

La rue principale au bourg du Roc-Saint-André. En 1608, la Chapelle du Rotz devint trêve de Sérent en 1608 et prend le nom St-André du Roc. Rebaptisé Pont du Roc à la Révolution, il prendra par la suite son nom définitif de Roc-St-André. Le bourg fut bâti sur un escarpement dominant la rive droite de l'Oust et un magnifique pont construit au XVIIIe siècle. La commune, créée en 1790, fut rattachée au canton de Sérent. La paroisse, quant à elle, fut établie en 1802.

L'église dédiée à l'apôtre saint André, construite dans les premières années du XXe siècle a remplacé une chapelle datant du XVIe siècle ; son clocher à jour rappelle les clochers du Léon dans le Finistère. Elle possède de beaux vitraux et deux tableaux peints en 1738, par l'Hermitais, peintre de sujets religieux. Ces tableaux proviennent du monastère des Camaldules de Roga en St-Congard, détruit à la Révolution.

Cette commune renferme sur son territoire un gisement de cassitérite (étain) connu dès l'époque des druides. Il fut exploité de nouveau entre les années 1834 et 1916. Dix-sept puits furent creusés pour l'extraction du minerai, dont le puits Saint-Michel qui est toujours visible. Un échantillon exceptionnel de cassitérite extrait de la mine de la Villeder en le Roc-St-André, visible au musée de la Société polymathique du Morbihan à Vannes est considéré comme le plus gros morceau de cassitérite d'Europe.

Une vue du pont et de l'église du Roc-Saint-André. La commune possède plusieurs croix anciennes dont la croix de Lery datant de 1705 ; plusieurs anciennes seigneuries : La Touche Carnée avec tour octogonale du XIVe siècle, La Villeder, Le Val Néant, Le Val Chevrier, où un haras s'est installé. Une usine de sérigraphie, une usine de constructions, un centre d'aide par le travail (Le Phare), une société sportive (Les Ecureuils), des commerces, un camping au bord du canal, le passage de nombreux bateaux de plaisance sont autant d'atout contribuant à l'animation de la vie de la commune.

Ancienne trêve de St-Abraham, située à l'extrême limite sud de l'évêché de St-Malo, la paroisse de Monterrein est devenue commune en 1790. Elle fut d'abord rattachée au canton de Caro jusqu'en 1801, puis au canton de Ploërmel de 1801 à 1812, enfin au canton de Malestroit dont elle fait maintenant partie. Pendant de longues années, Monterrein fut placé sous le patronage de St-Barthélemy. Mais celui-ci pour des raisons qui nous échappent aujourd'hui, devient très impopulaire aux yeux des habitants. Il fut remplacé, sans doute vers le milieu du XIXe siècle, par St-Malo. L'ancienne église, dont la façade sud comportait un porche faisant fonction d'auditoire de justice, fut partiellement reconstruite en 1927. Avec son placître, rénové en 1960, elle constitue, au centre du bourg, un ensemble harmonieux. Monterrein offre à ses visiteurs, un très beau menhir près du hameau du Pipray, deux croix anciennes classées, et une Sainte-Trinité en albâtre, datant du XVe siècle et également classée. Le château de la Haute-Touche, construit au cours de la seconde moitié du XVIIIe siècle, en forme de malouinière, n'est pas dénué d'intérêt.

L'entrée du bourg de Missiriac à la fin des années 1950. Missiriac porte un nom gallo-romain évoquant un lieu ruiné et qui date sans doute de la fin du IVe siècle.

Le château de Lourmes. Missiriac fit partie de Malestroit, car le quartier de la Madeleine fut détaché de son territoire au IXe siècle. Jusqu'à cette date, c'est le recteur de Missiriac qui administrait Malestroit. Il finit par s'installer en ce lieu et Missiriac devint une paroisse annexe, fournissant les deux-tiers des ressources du Pasteur. Les dîmes confortables servaient à l'entretien des deux églises, d'où la colère des Missiriacois, lorsque le choeur de leur église s'écroula et que le recteur refusa d'en assurer la réfection. Cette affaire ne fut réglée qu'en 1793 donnant satisfaction aux paroissiens de Missiriac.

Le château du Guen et ses arbres centenaires. La Révolution fournit un épisode tragique sur Missiriac. Malestroit, ville républicaine étant attaquée, un soldat partit chercher du secours à La Gacilly. Capturé par les habitants de Missiriac sur la lande de Poufra, il fut tué à coups de fourches. Pris de remords, ces habitants vinrent longtemps tracer des croix de pénitence sur un chêne voisin en souvenir du saint de Poufra.

Le presbytère de Missiriac avant sa transformation en résidence. La première école, d'après les anciens registres, a été ouverte en 1845 et était tenue par des religieuses. La loi de laïcisation de 1881 les en écarta. Ensuite une école privée s'ouvrit dans une maison particulière et reçut les garçons jusqu'en 1939, date à laquelle l'école privée devint mixte.

Le milliaire de Caro en 1910. Caro est une petite commune de 1087 habitants d'une superficie de 3 772 hectares et limitée par huit autres communes. Très vallonnée, c'est également une commune relativement boisée. De petits ruisseaux serpentent dans les vallées et de nombreux étangs ont été aménagés.

L'église de Caro avant sa restauration en 1957. La paroisse est sous le patronage de St-Hervé. Le bourg compte 174 habitants. Le premier peuplement remonte à la période néolithique entre 3 000 et 2 000 ans avant Jésus-Christ. Les habitants de cette époque enterraient les morts dans de vastes monuments de pierre baptisés "allées couvertes" ; sur cinq recensés sur la commune, seules deux sont restées en lieu. L'allée couverte du Lobo mesure 22 mètres de long et compte 32 supports et 11 tables. Sur la commune de Caro nous trouvons une voie romaine et des bornes militaires, une borne tous les mille pas.

Le Manoir de la Billardais, XVe et XVIe siècles, possède sa chapelle à laquelle est accolée la chambre du prêtre ; un chef chouan y fut célèbre. L'agriculture est l'activité essentielle de la commune, malgré les profondes mutations. Depuis une vingtaine d'années, on assiste à une spécification des exploitations. La polyculture a été remplacée par l'élevage intensif des bovins. Les élevages hors-sol sont apparus. Les couvoirs à poulets sont désormais industriels.

La commune de Ruffiac, située entre Ploërmel, Malestroit et La Gacilly, compte aujourd'hui 1466 habitants. La paroisse primitive est très ancienne dans le cartulaire de l'abbaye de Redon au IXe siècle. A l'époque, elle était immense et comprenait les actuelles communes de Malestroit, Missiriac, St-Nicolas du Tertre et Tréal. Des temps anciens, Ruffiac conserve un menhir, dit de la Roche Piquée, quelques chapelles et manoirs. Une voie romaine (reliant Nantes à St-Malo) traversait autrefois la commune, mais elle a disparu, de même qu'un dolmen et une allée couverte. Les manoirs sont ceux de Coëttion, datant de 1564, berceau de l'illustre famille des marquis de la Bourdonnaye (remontant aux Croisades), dont les armes sont gravées dans l'église paroissiale et celui de Balangeard, reconstruit vers 1600 sur les restes d'une ancienne forteresse rasée au temps de la Ligue. Le manoir de La Ruée, fondé par la famille de la Ruée, passa en 1652, lui aussi, dans la famille de la Bourdonnaye il est aujourd'hui restauré et habité. Quant aux chapelles, beaucoup ont disparu : celles du petit Madou, de St-Léonard en Digoit, de St-Guënael près de Bodel, de St-Julien de Coëttion, de St-Mathurin à la Ville Robert, ou de St-Vincent, démolie il y a quelques années. N'ont survécu aux outrages du temps ou à la malveillance des hommes que celles des Greffins, de St-Jean des Bois, du prieuré, de la Souriçaie et de St-André. A part celle des Greffins, ces dernières sont aujourd'hui bien restaurées et entretenues régulièrement par des associations de quartiers.

Ancienne trêve de Ruffiac, St-Nicolas du Tertre se situe dans la partie orientale du canton, jouxtant les communes de Ruffiac, Tréal, Carentoir, La Gacilly, Les Fougerets et St-Martin-sur-Oust. La commune a une superficie de 1293 hectares, altitude 60 mètres, pour une population de 454 habitants au recensement de 1990.

Son église centenaire de style néo gothique en forme de croix latine se situe au centre du village dont les maisons sont construites en moellons de schistes. La commune située dans une région de bois et de landes possède un étang, dit l'étang de la Guette, lequel alimente un moulin à grain fonctionnant à eau et électricité, dont l'implantation remonte aux années 1800. Ce moulin a toujours été la propriété de la famille Serazin.

II

Cérémonies religieuses

Un petit sourire s'il vous plaît! Ce mariage fut célébré à la Chapelle-Caro dans les années 1930.

Une photographie de famille lors d'un mariage à Caro en 1931.

Un mariage à St-Guyomard vers 1930.

Un mariage à Missiriac le 1er avril 1923.

Un triple mariage. Le maire de Missiriac marie ses trois enfants. Pour la cérémonie 700 invités seront conviés à un festin de roi : 1 boeuf de 800 kilos, 7 veaux et 3 cochons de 100 kilos. Et combien de barriques de cidre ?... L'histoire ne le dit pas !

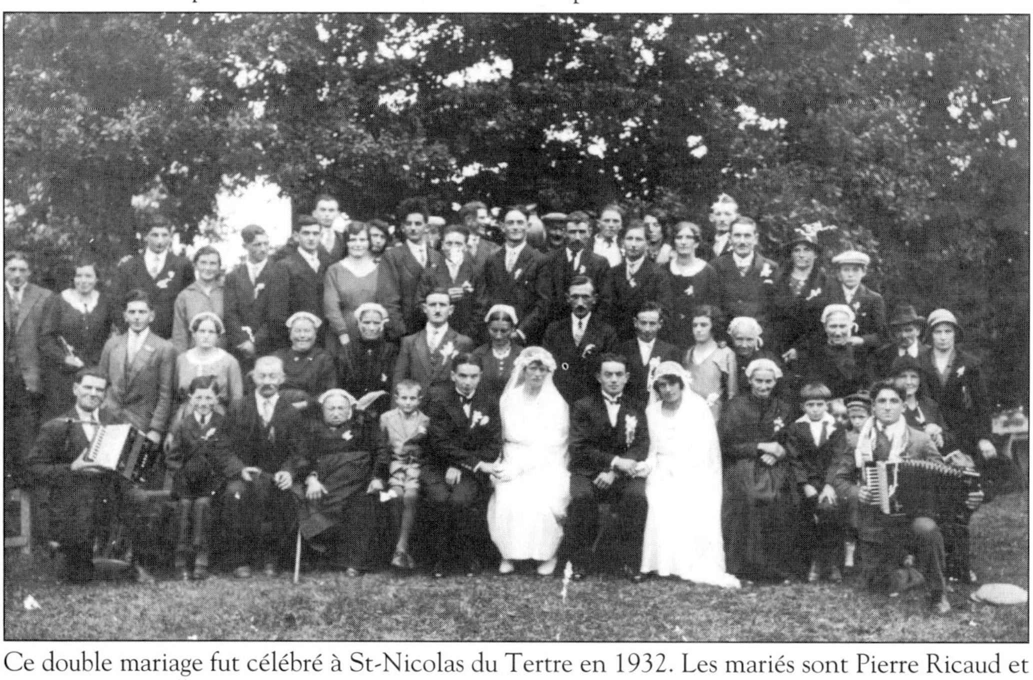

Ce double mariage fut célébré à St-Nicolas du Tertre en 1932. Les mariés sont Pierre Ricaud et Maria Guiny, Albert Ricaud et Mélanie Mouraud.

Un mariage à Ruffiac en 1936. L'un des petits jeunes hommes, à droite, n'est autre que Pierre Chotard, aujourd'hui président du Club de La Joie de Vivre, à Malestroit.

Un double mariage en 1921 à Missiriac. Les mariées sont, de gauche à droite, Joseph Houeix et Louise Havart, d'un côté, François Havart et Jeanne Capillan de l'autre. Les petites filles assises au centre de la photographie sont Félicité Chotard, Gabrielle Touzé et Hélène Havart.

Un mariage à Lizio en 1919. La photo fut prise devant la chapelle Sainte-Catherine et présente les mariés, Louis Guillard et Eugénie Coudray, entourés de leur famille. A côté de la mariée se tient, Louis Guillard père Tisserand.

Un mariage bourgeois à Sérent au cours de l'année 1904 au château de la Salle.

A gauche : une noce à St-Guyomard. A droite : ces deux confirmants à Sérent, en 1936, sont Marthe et Eugène Guyot ; ils sont accompagnés de leur petite soeur.

Une sortie de Confirmation, devant l'église de Malestroit, en 1912. Au premier plan, on reconnaît, de gauche à droite : monsieur le curé Céveno, monseigneur Bécel (évêque de Vannes) ainsi que Louis Dando, Edouard Raflegeau, Louis Le Bel, Pierre Naël et Rose Le Bel.

Célébration religieuse lors d'une Confirmation à Caro en 1960. Un arc de Triomphe a été érigé à l'entrée du bourg pour la venue de monseigneur Le Bellec, évêque de Vannes.

Une procession de communiantes à St-Marcel en 1935.

Une procession à l'occasion de la célébration d'une Communion Solennelle au Roc-Saint-André.

Une sortie de messe à Malestroit au début du siècle.

Un groupe de personnes de St-Guyomard qui participèrent au pèlerinage à Lourdes en 1958.

Des personnes de Caro en pèlerinage à Lourdes en 1905.

Lors de sa visite à Caro le 30 août 1964, l'évêque de Vannes, monseigneur Le Bellec, bénit l'une des cloches de l'église paroissiale. Cette dernière fut baptisée Marie-Joseph-Anne-Yvonne ; elle eut pour marraines Anne Marie Joseph Colineaux et soeur Maria et pour parrains, Pierre Hédan, Jules Herlet et Albert Brohan.

La fête de la Victoire à Sérent. Un arc de Triomphe a été réalisé pour l'événement.

L'évêque est accueilli par la population locale de Lizio lors de sa visite pour la bénédiction du patronage.

La procession de St-Etienne, patron de St-Abraham, en 1943.

Les angelots précèdent le cortège lors du transport en procession de la statue de saint Maurice, depuis le bourg jusqu'à sa chapelle, à 800 mètres à l'est sur la route de Bohal-Malestroit.

Un peu d'exercice physique messieurs ? On reconnaît, premier à gauche, le recteur De Couvelair et, à l'extrême droite, son vicaire Hovelaque de la paroisse de Lizio.

L'arrestation de deux prêtres pendant les troubles provoqués lors des inventaires en 1906 ; il s'agit des abbés Frinault, vicaire de Sérent, et Hovelaque, vicaire de Lizio.

La clinique des Augustines de Malestroit, la chapelle et les bâtiments à droite ont été édifiés par les dames ursulines de Ploërmel en 1670. La partie gauche a été construite par la communauté des augustines arrivée à Malestroit en 1860.

Un vicaire en repos et en prière au pied d'un calvaire, et, à droite, les bonnes du curé De Couvelair à l'ouvrage, au presbytère de Lizio.

Une fête-Dieu à Sérent.

Une procession dans les rues de St-Marcel, des femmes portent la bannière.

Mère Yvonne Aîmée de Jésus.

Les obsèques de mère Yvonne Aîmée de Jésus. Son cercueil sera porté par des habitants de Malestroit et les honneurs militaires lui seront rendus par des anciens maquisards de St-Marcel.

Les échafaudages sont montés pour la construction de la maison des prêtres à Lizio face à la fontaine Saint-Lubin.

III

Activités économiques

Les halles de Malestroit existent depuis 1472, refaites vers 1720, elles étaient encore en excellent état quand elles furent démolies en 1922, pour donner du champ aux Monuments aux morts de la Première Guerre mondiale.

L'hôtel Duval à Sérent au carrefour des routes de Lizio, Malestroit, Vannes et Ploërmel.

La célèbre maison de La Truie qui File date des XVe et XVIe siècles, appelée plus communément maison des Singes. Ces étages à encorbellement, ces sculptures sur bois peintes, motifs familiers de la fin du Moyen Age, sont autant de témoins d'un passé révolu. Devant la boutique, madame Brunel, poissonnière, prend un peu de repos !

Le plus important magasin de Caro est ici photographié en 1930.

Une petite pause pour ces ouvriers qui travaillent à la reconstruction du bourg de St-Marcel en 1947.

Cette usine d'extraction de cassiterite, aux mines de la Villeder, ouvertes au XIXe siècle, fut fermée dans la première partie du XXe siècle (1916).

Des ouvriers au chantier Cadieu aux ardoisières Pinieux dans la commune de Sérent en 1909.

Des tailleurs de pierre à l'ouvrage à la carrière de granit de Sainte-Catherine, dans la commune de Lizio.

Les apprenties couturières de Léontine Fablet de Bohal dans les années 1930, à Bohal.

Une lavandière de Lizio au lavoir de St-Lubin.

Ces fileuses en plein travail ne se privent pas néanmoins d'un petit rayon de soleil ! De gauche à droite : Rosalie Le Sourd, Désirée Tastard, Célestine Lalys, Eugénie Bertho, Marie Trégaro et Marie Le Gal.

L'entretien des forêts de pins en août 1957 à Bohal.

Jean est venu faire une livraison avec son attelage de boeufs.

Le ferrage de la jument Lionne appartenant à Jean Capillan de Missiriac, par le maître forgeron Edmond Le Boursicaud en 1975.

Des cultivateurs de Caro. C'est le 1er juillet 1966, le ramassage du foin vient de commencer à Caro.

Une famille d'agriculteurs à Ruffiac.

Une famille occupée à lier les gerbes de blé à la main (1931).

C'est le ramassage du foin, à Bohal pendant l'été 1931, en charrettes à cheval et boeuf.

En ce mois de juillet 1931, c'est la fenaison à Bohal. Marie Métayer attelle un cheval à un râteau à foin.

Le coupage du blé en 1950, à St-Guyomard, à l'aide d'une faucheuse ; les gerbes étaient ensuite liées à la main.

Les premières machines à battre le blé font leur apparition dans la région de Malestroit.

Une scène de battage à Sérent avec des meules de grain à la Ville-Pierre à Sérent.

Des porteurs de sacs pendant les battages à Bohal en 1930.

Un repas de battage à St-Abraham en 1936.

Un blutoir ou bluteau à St-Abraham.

Edouard Ange Noël et ses vaches à St-Nicolas.

Une charrette à cheval s'est arrêtée devant le café Dabo-Boger, c'est l'année 1936. Le café Dabo-Boger vendait "A boire et à manger" ainsi que l'indiquait son enseigne. On reconnaît Roland Alphonse conduisant le cheval, les deux personnes costumées sont Mariane Boger et Jeanne Dabo tenant, devant elle, Marcelle Pierret et à sa gauche, se tient Rose Dabo.

La minoterie et le couvent des augustins sur l'île de la Saudraie à Malestroit.

Un moulin à grain.

Le marché aux cochons se tenait le 1er jeudi de chaque mois et à la quinzaine à Malestroit. Il a disparu à la fin des années 1960.

Le marché aux boeufs au début du siècle. Au fond, se dressent les tentes des débitants de boissons qui vendaient uniquement du cidre 10 à 12 barriques soit environ 2 500 litres. Aucun marché ne se concluait sans avoir bu 10 à 12 bolées.

Le marché à Sérent au début du siècle. L'homme qui caresse son chien est Emmanuel Jeanroy, qui fut maire de Sérent.

Emile et son attelage de vaches dans une petite ferme de La Poule en Missiriac.

Un train de voyageurs à la gare de Malestroit vers 1910.

L'écluse de Malestroit sur le canal de Nantes à Brest. Sur la droite de la photo, on voit des poteaux en bois de la ligne électrique amenant l'électricité à Malestroit depuis l'usine électrique de la NEE en St-Marcel.

Le canal de Nantes à Brest. Sur les quais de Malestroit, une péniche est tirée par un cheval. Ce mode de locomotion existait encore dans les années 1940-47.

IV

Associations et institutions

La clique de Malestroit dans les années 1945.

La saison 1941-42 des Ecureuils au Roc-St-André.

L'équipe de football de Malestroit vers 1950.

L'équipe de football des Ecureuils lors de la saison 1927- 28.

L'inauguration du terrain de foot, à Lizio, en 1952 par le maire, monsieur Vaillant, aidé de l'équipe première.

L'équipe de football de Caro en 1958. Le président était Hervé Hédan et le secrétaire, Gabriel Chevillard.

Un bâtiment de l'hôpital de Malestroit. Cet hôpital était tenu par des religieuses.

Les conscrits de la classe 1948.

Les conscrits de la classe 1923. Le Conseil de révision.

L'école des garçons du Roc-St-André en 1928.

L'école mixte de Missiriac en 1957. Les enseignantes étaient des religieuses de la congrégation des filles du St-Esprit.

La classe de 1936 à l'école de Monterrein. On reconnaît sur cette photo : Thérèse et Geneviève Pirio et l'institutrice mademoiselle Crété.

Un groupe d'écoliers de Caro avec leur instituteur, l'abbé Le Luel, dans les années 1930. Parmi les élèves on reconnaît Yves Colineaux, Eugène Martin, Eugène Gombeaud et Lucien Touzé.

Les professeurs et les jeunes filles du cours de coupe et couture de Malestroit en juin 1946.

Les élèves d'une classe de l'école de Lizio, en 1954, avec leur institutrice soeur Yolande. De gauche à droite, dernier rang : Paulette Bayon, Yvonne Daniel, Marie-Claire Boulvais, Simone Rouxel, Colette Mahé, Anne-Marie Oger, Monique Courant et Pierrette Busson ; au troisième rang : Antoinette Jouannic, Thérèse Trégouet, Jeanine Vaillant, Michèle Daniel, Yvette Piquet, Marie-Thérèse Cogard, Marie-Claude Michel et Léa Bernard ; au deuxième rang : Marie Puissant, Thérèse Monneraye, Anne Trégouet, Denise Joubel, Josette Le Bourbasquet, Marie-Antoinette Le Glaunec, Marie Hoyet et Colette Guillo ; au premier rang : Jeanine Gabillet, Annick Urien, Odette Launay, Anna Michel, Anne Le Gal, Marie Boury, Marie-Thérèse Boulvais, Anne-Marie Nizan, Alice Le Gal et mademoiselle Rouxel.

Un groupe de garçons, en 1931, à l'école privée de St-Guyomard.

Une classe en 1936 à l'école privée de Sérent ; l'institutrice est Marcelle Parc.

Une classe de l'école laïque au Roc-St-André avec leur institutrice, madame Le Bert.

Les jeunes filles de l'école privée de Missiriac en costumes d'époque ; c'est l'année 1914. On peut reconnaître Marie et Madeleine Touzé ainsi que Louise, Joséphine et Marie Simon.

V
Rassemblements

Le conseil municipal de La Chapelle-Caro en 1931. Au centre, se tient monsieur Malatre, le maire, entouré de son équipe.

L'équipe des pompiers de Malestroit pose pour la postérité ; c'est en 1950. Ce jour-là, l'adjudant Le Gonidec, commandant la brigade de gendarmerie de Malestroit et le gendarme Le Brech étaient également présents. Au premier rang, de gauche à droite : Louis Bonno, Emile Pierret, lieutenant Auguste Morand, l'adjudant de gendarmerie Le Conidec et monsieur Barrillet (ancien garde champêtre de Malestroit) ; au deuxième rang : le gendarme Le Brech, Eugène Pointard, Joseph Bedard, Joseph La Bouere, Jean-Louis Frapsauce, Marcel Joubel, Gaston Vedrene, non-identifié, Emile Brunel, Louis Barbier, Jean-Louis Gicquel, Paul Michel ; au dernier rang : François Renaud, François Geffroy, Yoachim Noblet, Pierre Labouère, Edouard Raflegeau et Roger Le Gal.

La reconstitution du crime de la Sauvaie dans la commune de Sérent. L'auteur de ce crime était un dénommé "Bastaou" ; il a tué son épouse de 10 coups de couteau dans la nuit du 19 au 20 juillet 1908. Jugé, il a été condamné aux travaux forcés à perpétuité. Cependant, il serait décédé à la fin de l'année 1908 à la citadelle de l'île de Ré.

Les noces d'or de Pierre Bayon furent célébrées dans les années 1930. L'enfant emmailloté de blanc est Claude Geffroy.

La célébration de noces d'or, en 1949, au village de Gaudinaye en Missiriac. Les jubilaires sont Joseph Lorjoux et Jeanne Havart.

Souvenirs de toutes les jeunes filles de la section de Ruffiac en janvier 1943.

Des filles de Sérent en 1930, "Les Bruyères d'Armor", avec de gauche à droite : Marie Archambaud, Marthe Le Gros, Hélène Archambaud, Suzanne Colineaux, Rose Chevillard, Thérèse Melaine, Marguerite Melaine, Anna Briand, Hélène Guého et Jeanne Bompais.

Un groupe de réfugiés du Nord de la France et des villes d'Aumont et Meru étaient hébergés, comme beaucoup d'autres, chez l'habitant à St-Marcel en mai 1940.

L'un des premiers rassemblements de personnes âgées de la commune de St-Marcel en 1955 et 1956. Ils furent institués par le recteur de la paroisse de cette époque. Cela consistait en un repas servi gracieusement par les habitants de la commune le dimanche des Rameaux.

Un groupe de jeunes filles de St-Abraham en 1930, "Les Bruyères d'Arvor".

Des anciens de Lizio posent pour la photo en 1963 à la sortie de la messe ; ce rassemblement eut lieu à l'occasion du premier repas des anciens de Lizio.

La famille Pondard de La Nouette en Sérent avant la bataille de St-Marcel devant la ferme qui servit de PC lors du maquis de St-Marcel-Sérent. Le père, Alphonse Pondard, a pris une part très active dans la résistance, ainsi que sa famille composée de Victoire Bordais, sa femme, et d'Anna, Marguerite, Geneviève, Henriette, Alphonsine, Alphonse et Jean, ses enfants.

La famille David Auguste à Sérent.

On pose en famille dans le parc de Lourmes, c'est probablement lors de la kermesse de 1956.

Une famille de St-Marcel.

Une famille de Lizio.

Cette famille nombreuse de Monterrein était composée de 5 filles et 5 garçons ! Il s'agit de la famille Nays ; le garçon le plus à droite sur la photo est Alexis Nays, actuel président du club des retraités de Monterrein.

Une famille de Lizio. Il s'agit du maire de l'époque, qui administra Lizio de 1896 à 1933, monsieur Monneraye. A l'époque de la photographie, il est dans sa trente-septième année.

Une réunion de famille en 1905.

Les classes 9 à Caro ; toutes les personnes dont l'année de naissance se termine par le chiffre 9 se réunissaient pour un repas et faisaient la fête.

La famille Beaudoux de St-Nicolas du Tertre avec, au premier plan, Guy Prioux et Daniel Beaudoux dans les années 1950.

VI
Souvenirs de guerres

Le départ pour Rennes, en 1916, des hommes mobilisés dans les environs de Bohal. La bicyclette est de rigueur !

Une réquisition de chevaux pendant la Première Guerre mondiale.

Des soldats français en garnison au château de la Morlaye en Missiriac pendant la Première Guerre mondiale.

Au début des années 1940, des soldats polonais stationnent à Malestroit et aux environs. Ce groupe de soldats polonais, photographié ici, résidait chez l'habitant à St-Marcel Jeanne Le Maître. Le 11 avril 1940, il y eut une remise solennelle d'un drapeau à un régiment polonais. Ceci se passait à Malestroit place du Bouffay et sur le terrain de la Daufresne, en présence du président de la République polonaise, monsieur Raczkiewicz, du général Sikorski, du général Faury, ancien directeur de la mission française en Pologne, du préfet du département, du maire de Malestroit et d'un conseiller général.

Une cérémonie FFI au Monument aux morts de Malestroit.

Le président de la République polonaise, monsieur Raczkiewicz, accompagné du général Sikorski passe sous l'arc de Triomphe dressé à cet effet, et, a droite, la place du Bouffay lors de la cérémonie aux Monuments aux morts, avec remise de gerbe.

L'assistance durant la messe.

Le colonel Bohusz-Szyzko accueille le général français Faury. Des soldats polonais sur la place du Bouffay à Malestroit.

Des résistants du Roc-St-André et de Quily. Le 18 juin 1944, la commune de St-Marcel, fut le théâtre des combats de la Résistance qui opposèrent 2 800 maquisards à plusieurs divisions allemandes. Les Allemands et les Russes (des Géorgiens) combattent d'une façon abominable ; ils assassinent sauvagement des personnes, incendient les châteaux des Hardy Behelec et de Ste-Geneviève, exercent des représailles sur le bourg dont la plupart des maisons sont brûlées et saccagées. Le camp de St-Marcel s'étend sur 500 hectares jusqu'aux confins occidentaux du village. Il a connu la plus forte concentration de maquisards pendant la guerre en Bretagne et fut défendu par environ 2400 hommes dont 150 parachutistes.

La ferme de la Nouette, commune de Sérent. En février 1943, le terrain de la ferme de la Nouette entre Sérent et St-Marcel est choisi comme terrain de parachutage d'hommes et de matériel pour la résistance morbihannaise sous le nom de code BALEINE. Au début de l'année 1944, plusieurs réunions de résistants se tiennent à la Nouette. Le 8 avril, trois gendarmes de Malestroit prennent le maquis pour échapper aux arrestations et se réfugient à la Nouette. Autour d'eux se constitue un petit groupe de résistants.

La ferme de la Nouette fut incendiée les jours suivant la bataille de St-Marcel en juin 1944.

Les 5 et 6 juin 1944, en même temps que les premières troupes aéroportées américaines touchent le sol de Normandie, les premiers renforts de parachutistes sont lâchés en Bretagne. Ils proviennent du 2e régiment de parachutistes, qui a déjà participé au sein de la 8e armée britannique à la campagne victorieuse de Libye (1942-43). Sous les ordres du colonel Bourgoin, le 4e bataillon du 2e RCP est intégré au groupement de parachutistes alliés le S.A.S. (Spécial Air Service). Aussi dans le Morbihan, le groupe du lieutenant Marienne est parachuté à Plumelec, il rejoindra les jours suivants le maquis de St-Marcel. Dans la nuit du 9 au 10 juin le colonel Bourgoin est parachuté à son tour à St-Marcel. Le 18 juin 1944, à 4 heures 30, une patrouille de la *Feddgendarmerie* de Ploërmel est interceptée par les F.F.I. sur la route de St-Marcel à hauteur des Hardys. Un seul Allemand parvient à s'échapper. La garnison allemande de Malestroit, tenue par la *Vehrmacht* est alertée ; elle compte 500 hommes. A 9 heures, la première attaque allemande est déclenchée. Un groupe s'empare du poste du Bois Joly, mais les colonnes allemandes qui le rejoignent sont fauchées par le tir des maquisards ; les allemands sont chassés et se replient sur St-Marcel. A 10 heures, la 2e attaque est lancée avec des effectifs double et un armement supérieur. Les allemands engagent le combat près de Sainte-Geneviève ; la bataille durera 2 heures. A 14 heures, au cours de la troisième attaque, les allemands étendent le front au nord et au sud. Ils ont reçu des renforts d'une division parachutistes et d'un groupement tactique. A 15 heures 30, une escadrille de chasseurs bombardiers britanniques disperse les troupes de réserve allemandes entre St-Marcel et le front. A 22 heures, les colonels Bourgoin et Morice sous la poussée allemande ordonnent le décrochage et la dispersion du maquis. Couverts par la compagnie du capitaine Puech-Samson, 2000 hommes, 20 camions, et 4 ambulances regagnent leur maquis d'origine... La photo ci-dessus illustre un groupe de résistants au Roc-Saint-André lors de la visite du colonel Rémy. Parmi les hommes ont pu être identifiés : le parachutiste Rosier, Eugène Guimard, Roger Mainguy, Raymond Guillard, Réné Perrin, Charles Trégouet dit Charlemagne, le colonel Rémy, le lieutenant Lauzac et le commandant Guimard. Du côté des femmes ont été reconnues Marie-Louise Poislarne et Suzanne Le Bert.

Le 19 juin, les Allemands investissent le camp. Dans les communes environnantes, les maquisards sont traqués et les populations terrorisées. Le 25 juin les châteaux de Sainte-Geneviève et des Hardy Behelec sont incendiés. Le 27 juin ce qui reste des fermes et le bourg de Saint-Marcel sont détruits. Le bilan est lourd ! Lors des combats, une trentaine de Français a trouvé la mort, une soixantaine a été blessée et quinze sont fait prisonniers. Les pertes allemandes (300 à 500 selon les sources) montrent que l'ennemi a été surpris par la puissance du tir français. Les maquisards allaient continuer leur mission de désorganisation des arrières de l'ennemi et les F.F.I. prendront la part glorieuse que l'on sait à l'insurrection libératrice de la Bretagne, aux côtés des troupes américaines du général Patton. Cette photo présente un groupe de résistants présents à St-Marcel à la première montée du drapeau tricolore au moment de la Libération en août 1944.

Un camion FFI fonctionnant au gazogène.

Un groupe de résistants et une religieuse de l'école Ste-Thérèse dans les rues de St-Marcel, photographiés devant les ruines d'une maison incendiée par les Allemands en juin 1944.

L'arrivée des troupes américaines sur la place du Bouffay à Malestroit.

Un char Schermann sur le Champ de foire.

La traversée du pont Briand par les Américains.

Une habitante de St-Marcel Jeanne Le Maître devant son baraquement construit après l'incendie du bourg de St-Marcel par les Allemands.

Les obsèques d'un résistant à la sortie de l'église de Malestroit.

La commémoration du premier anniversaire de la bataille de St-Marcel.

Le 27 juillet 1947, le général de Gaulle donne l'accolade à des enfants devant les tombes des combattants de St-Marcel.

Le 8 mars 1945, un avion US Piper Cup se pose à la Daufresne.

Le 27 juillet 1945, le général de Gaulle serre la main du commandant Emile Guimard ; c'était l'un des premiers hommes du maquis de St-Marcel.

Deux soldats de St-Nicolas, Alexis Beaudoux (à gauche) et Marcel Beaudoux en rentrant d'un camp de prisonniers en 1945.

Charles de Gaulle à St-Marcel. Lors de cette visite, en 1947, il scella la première pierre du Monument aux morts de la Nouette en Sérent. Ce monument fut érigé à la mémoire des combattants parachutistes et maquisards, tués lors de la bataille de St-Marcel le 18 juin 1944. A gauche, se tient le colonel Morice et derrière, présentant l'auge, l'ancien résistant Raymond Guillard. La truelle utilisée lors de cette cérémonie est conservée et présentée à l'écomusée de Lizio.

Soeur Yvonne Aimée de Jésus est décorée de la Légion d'honneur par le général de Gaulle le 22 juillet 1945 Vannes. Soeur Yvonne Aimée de Jésus a pris une part très active dans la résistante au cours des années 1943-44 ; elle a caché des maquisards et des parachutistes et souvent les aidaient à se sauver malgré la présence d'une Gestapo dans la localité de Malestroit.

La cérémonie de remise de décorations aux soldats ayant participé à la guerre du Rif au Maroc devant le Monument aux morts de Lizio.

La remise de la Légion d'honneur à monsieur Cogard à Lizio.

Une cérémonie au Monument aux morts de Malestroit

La place du Monument aux morts à Sérent en 1935.

Les anciens combattants de Narvick dont André L'Hospitalier de Malestroit, 50 ans après, devant la stèle érigée sur le terrain de la Daufresne.

VII
Aspects culturels et loisirs

Des notables attablés devant l'hôtel de l'Aigle d'Or à Malestroit avec, entre autres, Désiré Loho, monsieur Chapotin et monsieur Jouan.

Une réunion de retraités de Caro, au premier plan à gauche François Coyac, 97 ans, dernier survivant à Caro de la Première Guerre mondiale.

Concours de pêche sur les rives du canal de Nantes à Brest, en 1925. Ce concours avait été organisé par le père de monsieur Alain Du Boisdaubry.

Des joueurs de cartes en 1923 à Sérent.

Joseph Houeix et ses petits enfants en 1943 : Rolande, Raymonde, Nénette et Eliane Brouxel de Malestroit.

Le carnaval à Malestroit à la Mi-Carême en 1938. La reine de la Mi-Carême était cette année-là, Reine Danto, en haut du char, et ses demoiselles d'honneur, Louisette Le Derf et Rose Dabo accompagnées de Jean et André Bolzec.

Le carnaval à Malestroit à l'occasion de la Mi-Carême, dans les années 1930.

Deux jeunes filles habillées en costume de Malestroit des années 1910 et 1940. Sur la photo ci-dessous, il s'agit de Marcelle Robert, née Pierret.

Une course de chevaux au champ de courses de Malestroit, à la Daufresne dans les années 1930.

Le repas traditionnel de la Digue, le lundi des courses à Malestroit dans les années 1930.

Une ancienne en promenade journalière dans le bourg de Lizio ; c'est madame Adélaïde Bouriquin.

Un instant de repos pendant la kermesse de Missiriac, en 1954, dans le parc de Lourmes. Au premier plan et de gauche à droite se tiennent Joseph Bleher de la Henelaye, Jean Havart de la Croix et Jean Fraud (père) de La Bourdonnaie.

Une danse à Ruffiac.

La fête des châtaignes à St-Abraham. On mangeait les châtaignes avec le lait, à gauche des pots de lait et barattes et à droite, une poële trouée pour griller les châtaignes.

Une jeune fille en 1910 en costume d'époque.

Remerciements

Nous remercions toutes les personnes qui ont contribué à cet ouvrage, soit par le prêt de cartes postales et photographies de famille, soit par l'apport de témoignages, sans lesquelles cet ouvrage n'aurait vu le jour. Parmi ces personnes nous remercions tout particulièrement :

Les présidentes et présidents des clubs de retraités des communes du canton de Malestroit, Jean-Paul Bourban et Eugène Mounier de Malestroit, les responsables du musée de la Résistance de St-Marcel et Alain Guillard de l'écomusée de Lizio.

Ainsi que les maires de Malestroit, St-Marcel, Bohal, St-Guyomard, Sérent, Lizio, le Roc-St-André, la Chapelle-Caro, St-Abraham, Missiriac, Caro, Ruffiac, Monterrein et St-Nicolas du Tertre.